AF233770

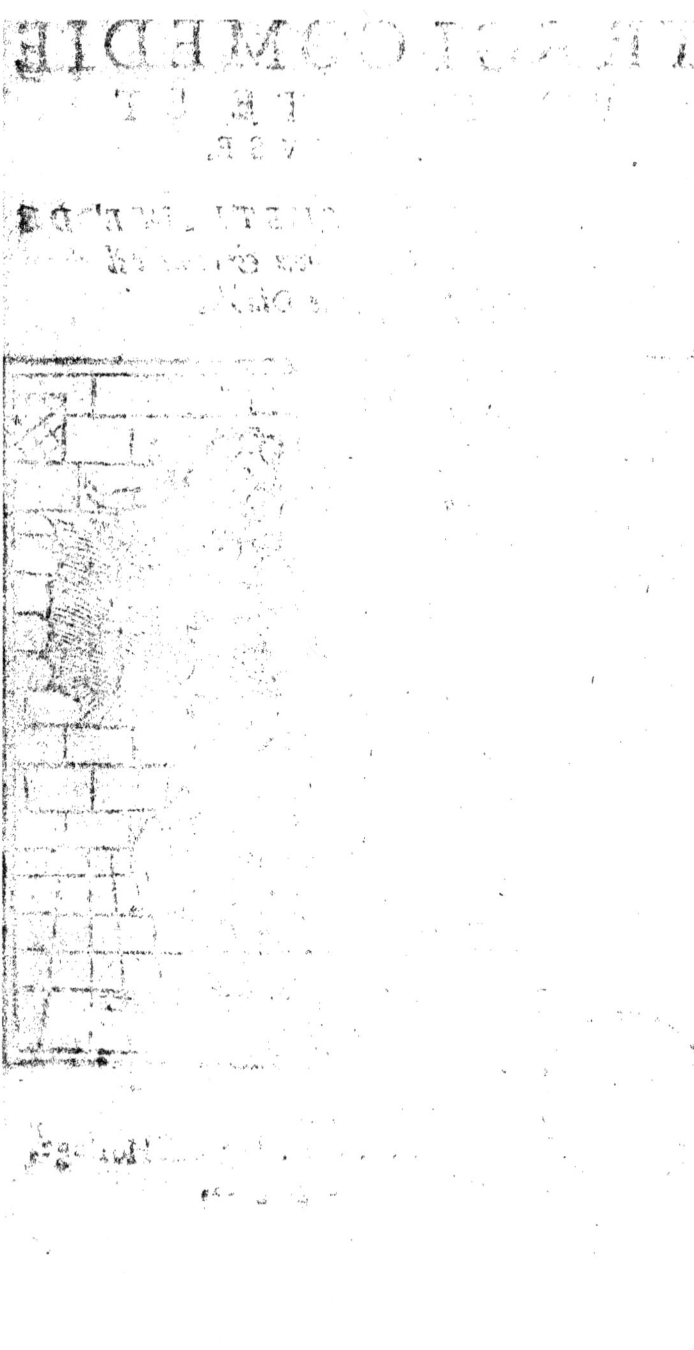

TRAGI-COMEDIE
PLAISANTE ET
FACETIEVSE.

INTITVLEE LA SVBTILITE' DE
Fanfreluche & Gaudichon, & comme il
fut emporté par le Diable.

A ROVEN,
Chez Abraham Cousturier, ruë de la grosse Horloge,
deuant les deux Cigoignes.

ARGVMENT.

VN chacun cognoiſtra par ceſte preſente hiſtoire,
combien eſt grande & perilleuſe la tentation du
diable, combien ſes lacs ſont cauteriſez, pource que ce
miſerable duquel nous faiſons mention à l'ouuerture
de ceſte Tragi-comedie, eſtant poufſé de l'ennemy diabolique, lequel ne l'a iamais laiſſé iuſqu'au bout de ſa
vie, lequel nous monſtre vn ſanglant & deplorable
adieu : car ceſt aueuglé, ayant trouué le moyen de ſe-
duire vne ieune fille par ſes diſcours & flatteries,
auec la ſubtilité d'vn certain docteur. Ce miſerable
contrefaiſant le docteur, abuſa le vieillard pere de Gaudichon, lequel luy donna ſa fille en mariage, pour monſtrer la ſpacioſité du lac de ceſt eſprit diabolique, lequel
tenoit ce malheureux grandement enlacé : Arriua
qu'eſtant marié, & ne pouuant de quel artifice vaincre
le temps; trouue ceſt ennemy en ſa voye, auquel il demande l'eſpoir ou le ſetret de viure heureuſement; auſſi
toſt ceſt eſprit preſtant l'oreille, ne dormât iamais prés
de l'homme incenſé, luy reſpond, que s'il luy vouloit
donner vn poil de ſes cheueux, qu'il le feroit iouyr de
grande finance, laquelle choſe il luy octroya, & auſſi
toſt cogneut que ſa legereté luy cauſoit la perdition de
ſon ame : car eſtant au lict malade & abregeant ſa vie,
fut emporté furieuſement par ceſt ennemy en l'infernal
& impiteux heritage.

AVX LECTEVRS,

SONNET.

LEcteurs gardez-vous bien en lisant ceste histoire
Gaye ce qui ce peut de rire vn peu trop fort
De peur qu'en trop riant la meurtriere mort
Ne vous fasse du Stix passer la riue noire.

Ie ne suis plus des vieux, mais i'ay bonne memoire
D'auoir veu vn vieux nommé Iobin du Nort
A rire & à gosser mettant trop son effort,
Mourir & deuenir aussi blanc que l'yuoire.

Graignez c'est accident, donc puisqu'en trop riant
L'on decede aussi bien que par trop se fachant
Encor que ces sentiers ne tendent à mesme empire,

Et qu'il y ayt vn peu trop de diuersité
Car i'ay tousiours ouy dire en l'vniuersité
Qu'on meurt de desplaisir aussi bien que de rire.

ACTEVRS.

Fanfreluche.	Le Docteur,
Gaudichon.	Bistory valet de Fanfreluche.
Le vieillard.	Le Diable,
La vieille.	La Mort.

TRAGI-COMEDIE
PLAISANTE ET
FACETIEVSE.

ACTE PREMIER.

FANFRELVCHE.

E! que ie suis heureux d'estre si commencé
Et que par mon sçauoir ie suis tant ad-
    uancé,
I'estois vn ignorant par ma creuse cer-
    uelle,
Maintenant l'on me voit dire chose nou-
uelle,
(Eo quod video) vn tas de Damoiselles
Qui sont icy venus comme des arondelles,
Pour prendre leur plaisir pour me voir triompher,
(Sub bonum Theatrum) où ie viens le premier:
Ie ris aussi bien qu'eux sans monstrer mes machoires
(Sine pecunia) chacun m'apporte à boire,
Commençons à riser, non est tempus sleudì,

A iij

Ceux qui viennent icy n'ont point le cœur marri
Au temps que suis mal sain *desidero potum*
Vn iambon ou leuraut *atque bonner vinum*
Iettant (solessimos) me gardant de tomber
Quand yure ie serois me faudroit releuer,
Que veut dire cela que personne ne chante
Harangant mon Latin qui les demons enchante
(*Venter cautat vire virga*) veut remüer
Voila ce qui souuent diffame vn escolier,
Semper cum instibus ludere pillijs
Prouendo vaginem viceribus illis.
Hé bien mes bonnes gens voulez vous disputer
De Metamorphosis, ou vos noms decliner,
Ou le Dieu Cuisse-né qui sur le vin domine
Puis qu'on ne sonnez mot de la langue Latine.
Venite si vultie arma parata sunt
Vous estes des frelaux meurtriers de chapons:
Vos dents font plus de mal que du moulin la meulie
Lors qu'ils sont aiguisez tenant à vostre gueule.
Et toy frere Thibaut subtil chartreur de puces
Veux-tu gay batailler ainsi qu'vn fier autruche?
Laissons là ce plaisant parlons des Damoiselles,
De ces ieunes cadets, & de tous ces pucelles
(Qui aymant amoren) trois iours de leur folie
Apres vous les voyez declarer leur partie,
Bannir les cœurs changeans, car ils sont trop lassez
D'embrasser bras à bras par leurs subtilitez
Ces vieilles edentez, ces salles lipandieres,
Ces noires Alectons, Trigones & Megeres:
Si i'estois marié ie serois par police
Qu'on les eust à ietter dedans vn precipice,
Si faut-il finement que ie sois en mesnage

Bien que ie ſ is orné d'vn piteux équipage,
Vn pauure Freluchon veſtu groſſo modo
Deſirant iour & nuict le plaiſant gobelot
Et du flacon coulant l'agreable rouzée
Dans le grand entonnoir de ma gorge alterée.

SCENE II.

Le Vieillard, la Vieille, & Gaudichon.

Le Vieillard.

Vel ſera le ſouſpir & la triſte amertu-
me
Que ie dois regretter malheureuſe
fortune?
Quel ſera le ſentier qui me pourra
mener
Au fleuue Yberien, au gouffre de la mer?
Ou ſur le dos aigu d'vn chameau ſauuagin
Ou au dur Elephant qui eſt doux & benin
Sans lequel d'eſiſter de ſa veuë effroyable
Tout droit me conduira au vray lieu deſirable
Encor qu'vn animal reputé par nature
Eſt capable & benin cerchant ſon aduanture
Aduiſant l'innocent prés d'vn lieu d'angereux
Il le retirera de peril odieux:
Grande benignité, amitié naturelle
Qui guides l'innocent d'adreſſer fraternelle,
Guides donc maintenant le ſ iſlard refroigné

Qui c'est aueuglément maintenant esloigné
A l'infernal profond faute d'vne conduite
Ne voyant le chemin de la voye predite,
Voyant l'aspect malin de mes vieillardes dents,
Voyant mon poil grisard & mon nez degoutant,
Mon maintien vacillant, mes membres demeurez,
Mes os hors de leurs joincts, mes nerfs tous dessei-
Mon sens jà pertroublé, ma parole foiblette   (chez,
Ne pouuant plus patir sur ma force foiblette
Car voulant cheminer ie n'ay tendrons ne veines
Qui n'aille supportant vne cruelle peine:
Que pourrois-ie apporter donc pour dôpter ce mal
Et mon cœur resiouyr contre le sort fatal,
Qui fier & rigoureux cruellement m'oppresse
Pour reduire au tombeau ma tremblante vieillesse,
Si voyois Gaudichon richement mariée,
Mes veines reprendroient leur force accoustuméo.

La Vieille.

Est-ce ce qui vous tient, ce n'est grand maladie
Il la faut marier à voltre fantasie?

Le Vieillard.

Ma fille approchez vous, embrassez voltre pere
Qui desire vous voir ainsi que voltre mere,
N'obeyrez vos pas à mon commandement
Alors que ie verray vn bon aduancement?

Gaudichon.

Ce n'est ma volonté, faictes voltre souhait.

Le Vieillard.

Hé! que ie suis ioyeux sçauoir voltre secret.

Fanfreluche.

Ie suis tout enragé.

Le Vieillard.

Qu'auez-vous mon amy, he! qu'auez-vous mangé?

Qui vous roülle, tempeſte & fait ce mal au ventre,
Auez-vous veu le Stix ou bien l'auernal centre
Que vous eſtes attainct de telle maladie.

Fanfreluche.

Ie viens faire mon cours en la Theologie,
Ie ſuis docteur paſſé ainſi que l'Aretin,
Pour ſçauoir le Gregeois, l'Hebreu, & le Latin,
Et ſuis venu vers vous pour auoir voſtre fille,
Le louure de beautez pour ſa grace gentille.

La Vieille.

Qu'entendez-vous parler, eſt-ce vne moquerie,
Eſtes vous incenſé, dites moy ie vous prie?

Fanfreluche.

Non, i'ay touſiours aymé ma chere Gaudichon,
Tant ieunet ay je eſté ainſi qu'vne Didon,
Elle eſt tout mon ſoulas, c'eſt ma vraye amoureuſe,
Car mon ame ne fut d'autre aymer deſireuſe.

Le Vieillard.

Que veut dire cela, approchez Gaudichon
Le recognoiſſez vous pour vn bon compagnon?

Gaudichon.

Il m'a porté touſiours vne amour enragée
Eſperant qu'en bref temps ſerois ſon eſpouſée.

La Vieille.

Allons deliberer.

ACTE II.

Le vieillard, la vieille, Gaudi. le Docteur, Fanfre
Le Vieillard.

LE cachot descouuert de la chere amitié
Et leurs cœurs en vn vœu si chastement lié,
Quel desir chatoüilleux va esclairant mes iours:
Alors que ie cognois ces fideles amours:
Ce sera Gaudichon qui seule appaisera
L'orage & le malheur qui or m'attaquera:
Puisqu'à ma volonté elle ce vient offrir
Cognoissant que ie suis ioyeux de son desir
Pour voir en son Printemps son ame prisonniere
Au cachot amoureux de la belle lumiere,
Au flambeau tenebreux qui me soulloit mener
Dedans l'obscurité captif & prisonnier,
Puis que tout exempté de la prison obscure
Qui detenoit mon sens & mesme ma nature,
Mon cœur a descouuert le vray point desireux,
Aussi tost que i'ay veu ce loyal amoureux,
Lequel bien sagement c'est venu addresser
A mon cœur que voila afin de l'espouser.

La Vieille.
Puisque nous cognoissons cest excellent Docteur
Il nous faut enquerir s'il est homme d'honneur,
Et s'il a le sçauoir comme il le fait entendre
Auant que d'accorder le poinct qui veut pretendre,
De peur d'estre trompez & mesme nostre fille
Qui est de la cité la plus belle & gentille.

Le vieillard.

Allons nous enquester.

Le Docteur.

Incredulitas attius bestijs, ita vt non sum bestia,
Doctrina attius asinis, Doctor non est asinus.

Fanfreluche.

Salue Doctoribus.

Le Docteur.   Quid petis.

Fanfreluche.

Vellerem, auoir vne amoureuse,
Et non possum habere sine doctrina.

Le Docteur.

Crois-tu & feras-tu tout ce que te diray?

Fanfreluche.

Credo faciem quæ omnis.

Le Docteur.

Si ne tient qu'a ma presence tu l'auras.

Fanfreluche.

Quando interroges, interroga leuiter.

Le Docteur.

Allez, nihil curetis,
Excellentissimus homo magna sapientis præditus
Labille amer, labille orator.
Contre-fait le sçauant & le subtil doctor.

Le Vieillard.

A vous! ô grand Docteur! ô sage personnage
Qui predisez à tous le futur & l'orage
Puis que Dieu t'a donné vn sçauoir excellent,
Rends nostre cœur certain de tout éuenement.
Qui est ce grand Docteur qui a si bonne mine,
Qui se dit si sçauant, & si plein de doctrine,
Il parle tout Latin, si vous l'oyez parler
De ces graues discours vous feroit estonner.

Le Docteur.

Ie croy en auoir ouy parle.

Le Vieillard.

Il le faut appeller tu l'examineras,
Car il est bien fondé tu le recognoistras?
Allez, sus qu'on l'appelle & crie promptement
Puis que ce docteur est du Latin fondement.

Le Docteur.

Venite Doctorum.

Fanfreluche.

Salue sapientibus.

Le Docteur.

Quomodo portas.

Fanfreluche.

Venio lutetia vidi in viam tornet qui curebat post
vacam & vollebat grimpare super dossa enis.

Le Docteur.

O! elegantissima narrationi, ie n'en veux plus ouyr.

Le Vieillard.

Hé bien monsieur que vous semble?

Le Docteur.   (si sçauant

Comment que me semble, iamais ie n'en ay veu vn

Le Vieillard.

Helas! quel reconfort à ma triste langueur,
Quel soulas m'esiouyst & me donne vigueur:
Car Gaudichon est or pour viure heureusement,
Mes yeux estincelans verront l'aduancement
De l'amour qui a pris sa pudique pensée
D'vn regard radieux qui l'a illuminée.
O celebre Hymen! ô plaisante entreprise
Tu as saisi mon cœur pour en faire à ta guise
Me voyant vagabond vn vieillard libertin
Qui couroit les forests du soir iusqu'au matin,
Puis que court arresté tu as tiré la bride
Du malheur qui vouloit le tiltrer mon vray guide
O cher aduancement! ô infuse lumiere

Qui seule a captiué mon ame prisonniere
Voyant la liberté d'vn desloyal ennuy
Qui c'estoit emparé pour me donner soucy
Agrauant le sommeil, despeignant ma vieillesse
Cerchant tous les secrets pour me donner tristesse
Pour me rendre au tombeau en la concauité
Dix ans deuant mes iours, qui n'ont pas merité
Encor de voir Charon, le Stix & le malheur
Et le Tartare plein de soulphre & puanteur,
Ne voulant supporter ma vieillesse esbranslée,
Ains m'accabler à coup de fureur animée.
O cœur trop soulagé! messager descouuert,
Qui as tout declaré cest amoureux secret:
Ce veneneux regard, ceste cruelle trongne
Qui par sa liberté mesprise la couronne.

La Vieille.

Iettons bas mon amy la dure seruitude
Qui ainsi nous tenoit en si grand l'assitude,
Puisque le dur collier & la fiere prison
A laissé le captif voyant sa passion
Poussez d'vne pitié voyant le seul amour
Volleter en son cœur pour prendre son seiour.

Gaudichon.

Puis que tout asseuré mon pere se contente
Lors qu'il a entendu la science excellente,
Il nous faut aduiser ce qui est de certain
Auant qu'effectuer nostre amoureux dessein.

La Vieille.

Parlez à vostre pere.

Gaudichon.

Allons ioyeusement, allons chere vieillesse
Il nous faut despartir en ioye & en liesse.

Le Vieillard.

Allons ma Gaudichon, adieu sage docteur
Ie suis voſtre ſeruant.

Le Docteur.

Adieu, adieu patron.

Fanfreluche.

O bonus ſeuex qui credit lingua timida,

Le Docteur.

Sans moy l'euſſe-tu euë en don?

Fanfreluche.

Magnas gratientiſſimas ago.

Le Docteur.

Il te faut diſcourir d'vn Latin bien hardy,
Les feray-je eſcouter lors que ſeras icy.
De lingua Græca, de Latina, de Barbara
Et linguidi alius modo doctori vt potini habeas filiã.

Fanfreluche.

Si ne tient qu'à cela ie diſcoureray trop
Du Latin, de l'Hebreu, & du Grec au galop.
Comment, ignorez-vous que n'aye la maniere
De contenter vn Roy amateur de lumiere?
Ie parlerois au Turc, voire au grand Soliman,
Diſant, reddis Græca al Rex bonus Francam.

Le Docteur.

Os non ſumetis ne ſis turbulentiſſimus.

Fanfreluche.

C'eſt mon ſemblant de faire.

Le Docteur.

Si cares doctrina cauta ambula, & omnia quæ attine
ſtulto.

Fanfreluche.

Veux-tu dire que ie ſois fol?

Le Docteur.

O arogantissime lourdier.

Fanfreluche.

Adieu graue Docteur, qui as dans la ceruelle
Vne mer de Latin & paroles nouuelles,
Ton ventre est tout farcy de points & de virgules,
Et tes yeux tous tournez de voir tant d'Opuscules,
Ie croy que tu ferois d'vne graue façon
Aux asnes Arcadiens vne docte leçon;
Car tu ayme plustost la fertille cuisine
Que tu ne fais cent fois l'excellente doctrine.
Fama tibi refero! ô braue bribonnier,
Qui aymas niseen! ô grand gallefretier,
Quelqu'vn ta-il doué de plus grandes vertus,
T'attribuant l'honneur vires virtutibus
Fortia fortinum asinum Doctora
Semper desiderans cubile & mensa.

ACTE III.

Fanfreluche, Bistory vallet.

Fanfreluche.

Qvel cruel accident en dormant ay songé,
Ne te souuient-il point de ce qu'au rauassé,
Estoit-ce verité ou chose mensongere,
Estoit-ce Gaudichon qui seruoit de lumiere?
Esclairant sur mon lict d'vn flambeau iournalier,
De certain ie pensois estre son prisonnier.
Croyant qu'elle cerchast ma franche liberté

C'eſtoit donc mon eſprit qui eſtoit tout troublé
I'auois les pieds trop hauts & la teſte trop baſſe,
C'eſtoit ce qui tenoit mon amour en ſa grace:
Car ſi toſt que ie ſuis eſtallé en mon lict
L'on me voit en ronflant faire vn horrible bruict,
Caput ſi pederus, pedes in capite,
Manus in angulo dormant ſur le coſté
Le cul la gueule en haut pour ietter ſa fumée
De peur d'empoiſonner madame l'eſpouſée.
Sum honeſtiſſimus auſſi toſt que ie dors
Ie ne dis pas vn mot mon cœur eſt en repos,
Aliquando eauto ongulo & ore
De omnibus tonis poſſum intronate,
Nullus eſt me proteſt cantare dormitem
Qu'on vienne m'eſcouter ſi c'eſt pas ſentiment,
Ouy, c'eſt vn ſentiment cantare vngulo
Pro dormite dormans cubiculo,
Lors que ie ſuis berché des humeurs ie diſtille
Et du ventre & du cul, ſuis-je pas bien habille?
Que dis-tu Biſtory ne veux-tu pas apprendre
Et les exquis diſcours de ma bouche comprendre
Afin d'eſtre eſtimé vn Caton excellent,
Si toſt que cōprendras mon beau chant ſeulement

Biſtory.

Ie ne veux diſcerner becarre de nature,
Ne cognoiſſant binol, ny ſuyure la meſure:
Iamais ie n'ay apris au rebours ny au droit,
Iamais ie n'ay chanté ce qui eſt de ſecret.

Fanfreluche.

Sers moy honneſtement, le ſecret t'apprendray,
Et grand muſicien en bref ie rerendray,
Te ferry deſconter, t'apprendray la meſure;
Tu chanteras

Tu chanteras par tout sur toute tablature.
Est-ce pas que ie t'ayme, est-ce pas que ie veux
Ton profit te monstrant ces chants harmonieux,
Qui te feront cherir d'vn monde de noblesse
Que tu contenteras ainsi que les princesses,
Menant auec ton chant si plaisante harmonie
Que tu ferois sauter les asnes d'Arcadie:
Va donc chez le vieillard qui me vienne trouuer
Pour voir si ne veut pas Gaudichon m'accorder.

Bistory.
Ouy da, ie m'y en vois mon maistre promptement,
Fanfreluche.
Quand seras pres de luy parle assez hardiment.
Que de mal pour entrer dans vne hostellerie,
Dans vn lieu si infaict remply de vilennie,
Si i'auois accomply ce qu'ay desir de faire
Ie la delaisserois ainsi qu'vne estrangere,
Puisque si rarement ie ne puis approcher
D'vn thresor qui m'est tant agreable & si cher.

Le Vieillard.
Dieu vous gard mon mignon ma ioye & ma liesse,
Puisque seul vous m'auez retiré de tristesse.
Fanfreluche.
Castigabo séper nó dices, hæc verba mutabis latitia
Le vieillard.
O! que cela me plaist, ô! quel contentement
Que Dieu m'a enuoyé si grand soulagement.
Fanfreluche.
Vt ego pedibus.

le vieillard.
Ne parlez plus Latin, allez ie me contente,
Vous estes plus sçauant que n'estoit mon attente.

B

Iamais ie n'eusse creu qu'vne telle doctrine
Eussiez euë à vous voir vous n'en auez la mine,
Vous aurez Gaudichon la chose est asseurée,
Pour en cueillir le fruict sous vn sainct Hymenée.

Fanfreluche.

Non ago tibi.

Le Vieillard.

Vous me ferez troubler si parlez plus Latin,
Laissez le demeurant pour demain au matin.

La Vieille.

Vous serex bien-heureux, car Gaudichõ vous ayme
Elle supportera vostre amoureuse peine,
Embrassez-vous tous deux pour l'amour accomplir
Et puis vous parferez vostre amoureux desir.
Viuez honnestement en l'honneur du Seigneur
Qui vous va conuiant à ce lien d'honneur,
Comme le vray autheur du bien & de l'amour
Se delectant au vif du celeste sejour,
Puisque le iour naissant a esclos l'amitié,
Et vous a reunis sous vne fermeté,
Monstrant que son desir tousiours s'acheuera,
Et que son sainct vouloir çà bas s'accomplira,
Ayant vny deux cœurs d'vne esgalle amitié
Puisque seul y vous a pour elle destiné,
En rendant vostre cœur comblé d'affection
Au but ou residoit sa chaste intention.

Fanfreluche.

O admirabile miraculum!

Le vieillard.

Ne parlez plus Latin.

Fanfreluche.

Quand ie suis accoustumé à vne chose, c'est grand

coup de hazard si ie m'en garde.

Gaudichon.

Puis qu'il plaist au Seigneur que l'heureuse iournée
Descouure son Soleil de la nuict azurée,
Distillant le flambeau du plancher radieux,
S'escoulant doucement au rayon de nos yeux
Sous le captif aspect de la chere lumiere
Qui tient le cœur chetif & l'ame prisonniere,
Qui ne veut descouurir tout sa desloyauté
Si on ne le surprend en sa meschanceté:
Incredible malheur cache ton impudence
Et pense le futur & non point la presence,
Car comme desloyal tu viens tout desguisé
Attaquant le mortel que tu as mesprisé,
Troublant le iugement de l'humain attentif
Captiuant son dessein le rendant fugitif.

Fanfreluche.

Displicet Deis, & placet Fanfreluchè.

Gaudichon.

C'est vous auant-courrier le plus cher amoureux
Que ie vis onc iamais de l'esclat de mes yeux,
Qui as blessé mon cœur & enflammé mon ame
Par les attraicts charmeurs d'vne pudique flame,
C'est vous, dis-je, ô! Caton, en sçauoir inuaincu,
Qui auez mon vouloir & mon amour vaincu.

Fanfreluche.

Ha! que ie suis heureux puisque l'on m'attribuë
Tant d'heur, tant de sçauoir, & puissance absoluë,
Me nommant le Phœbus, la Lune & le flambeau
L'amour,& des amants l'Adonis le plus beau
Que sous l'eternité l'on ayt veu florissant,
Me prenant pour Docteur, & ie suis paysant.

Gaudichon.

Allons mon cher espoux, venez ie vous supplie,
Remenons le vieillard, car trop il luy ennuye.

Fanfreluche.

I'aurois besoin qu'on me menast moy-mesme.

Gaudichon.

Est-ce là l'amitié que me deuez porter
Ne voulant au vieillard soulagement prester,
Voyant que foiblement vous le voyez aller
Chancelant çà & là au danger de tomber,

Fanfreluche.

Nisi posit ambulare curat.

Gaudichon.

Vous mocquez-vous de luy?

Fanfreluche.

Comment mocquer, vous voyez que le meine,
Venite vieillardez, cum tua vieillarda
Gaudichon soustenez-le de ce costé là.
Quomodo dausatis sine violantibus.

Gaudichon.

Ne parlez plus Latin cela luy rompt la teste.

Fanfreluche.

Apres auoir presché il faut faire la queste,

La Vieille.

O mon petit mignon, pauure petit cadet,
Comme nous vieilliras encor que sois ieunet.

Fanfreluche.

Pour vieillir comme Iob ie ne m'en donne peine,
Pourueu que tous les iours i'aye la mague pleine,
Que ie sois tousiours soul ainsi qu'vn gras pourceau
Reserué seulement les pieds & le museau.

le Vieillard.

Si faut-il mes enfans penſer à voſtre affaire,
Regardez au meſtier qui vous eſt neceſſaire,
Car deux ieunes amans ſont noueaux en meſnage,
S'ils ne penſent à eux c'eſt vn pauure equipage,
L'on ne vit ſans trauail il faut ſon corps pener
Si l'on veut viure heureux & touſiours trauailler,
Quand l'on viuroit cent ans & qu'on ne feroit rien,
Iamais l'on n'acquerroit vne perche de bien:
Penſez-vous que i'ayons paſſé noſtre ieuneſſe
Dans les fleuueux pipeux d'vne vaine lieſſe.

Fanfreluche.

Mon pere taiſez-vous, ie ſeray à mon aiſe auſſi bien
qu'homme de ma robbe.

Le Vieillard.

Las! que vous ferez bien penſer à l'aduenir
Au moins que vous ayez tout à voſtre deſir:
Dieu benit le labeur de l'homme qui trauaille,
Multipliant ſon bien en quelque part qu'il aille.
Moy ie ſuis obligé à vous monſtrer à viure,
Le conſeil d'vn vieillard mon fils vous deuez ſuiure,
Ne trouuer mal-ſeant les bons commandemens
Que Moyſe laiſſa aux peres anciens,
Dieu ne voulant laiſſer l'homme imbecillement
Qu'il n'eut quelques ſtatuts pour ſon ſoulagement
Prenez ce vray guidon dedans voſtre penſée
Abandonnant le mal qui rend l'ame offencée.

Fanfreluche.

Sequar tua mandata ſenis ſunt vera.

Gaudichon.

Allons tout douçement, ne les eſtonnons point,

ACTE III.

Le Diable, Fanfreluche, Gaudichon, le Docteur.

Le Diable.

QVi se viendra offrir pour esprouuer sa force,
Et penser deschirer ma couriace escorce.
Ce pourra-il tenir en sa stabilité,
Sans courir çà & là pour voir l'habilité,
Bien que comme impuissant ie semble desarmé,
Estant seul en ce lieu de nul accompagné:
Venez hardis Soldats abandonnez vos parques,
Approchez contre moy puis que ie vous attaques,
Monstrez le cœur hardy de vostre renommée,
Entrez dans le combat d'vne dextre animée.
Comment esprits coüards que ne vous hastez-vous,
Pensez-vous m'attraper & flechir mon courroux,
Pensez-vous que la nuict ma force soit vagante,
Donnez-vous vn assaut à l'auerne beante.
La nuict n'est le repos de l'esprit cauteleux,
Aussi aucun sommeil ne peut siller mes yeux.
Mais puis que nul ne veut vers moy se presenter
Ie m'en vois, non venez, champions me dompter,
Ie soustiédray l'effort quel guerrier qu'il puisse estre
Car quand mille ils seroient ie me feray paroistre,
Pour monstrer que mon art mesme ma hardiesse
Emportera l'honneur de leur fresle foiblesse,
Monstrant que leur semblant ne pourra estonner

Celuy qui deuant luy seul les fera cacher
Au pauillon coüard de leur sotte retraitte,
On les verra fuyr au son de la trompette,
De mon parler tonnant, & ma force indomptible,
Tout est sous mõ pouuoir, rien ne m'est impossible:
Tout tremble, tout fremit sous ma voix arrogante
Qui semble dans les airs d'vne foudre roulante:
C'est moy qui entreprens rendre l'homme ouurier
En l'art qu'il entreprend pour soudain en vser,
Ie donne le pouuoir, i'adresse l'ignorant,
Ie le fais inuentif à mal & tres-sçauant.

Fanfreluche.

Vnde venis diabolis, quæ significat corna tua?

Le Diable.

He! quel est ce craintif qui a peur d'approcher,
C'est quelque doctoreau qui me veut attaquer,
Approche, que veux-tu?

Fanfreluche.

Quero viam eundi foras.

Le Diable.

Parle François, que sert ce vieil iergon.

Fanfreluche.

Enda, monsieur le Diable, ie ne sçaurois parler
François.

Le Diable.

Comment, me cognois-tu?

Fanfreluche.

Enda, monsieur le diable, ie vous ay veu aux faux-
bourgs de Corneuille.

Le Diable.

He bien que desires-tu de moy?

Fanfreluche.

Monsieur le diable, si c'estoit ton plaisir
De m'enseigner vn thresor pour m'esioüir.

Le Diable.

Tu es bien addreſſé,c’eſt moy qui le peux faire,
Qui te peut aduancer,il faut qu’ainſi l’eſpere,
Preſentant quelque don comme vne recompenſe
Pour te faire iouyr de ſi grande finance,
Te feray financier ſi tu veux y entendre:
Voire le plus puiſſant que l’on ſçauroit pretendre.

Fanfreluche.

Demãdez ce que vous voudrez, monſieur le diable,

Le Diable.

De ton poil vn cheueu comme don delectable,
Et tu me donneras qui m’eſt agreable.

Fanfreluche.

Eſperez tout à vous & à voſtre puiſſance,
Vous pouuez ſi voulez tout mon bien eſperer,
Et ſous voſtre aiſle auoir ce qui m’eſt couſtumier.

Le Diable.

Tien voila le pacquet,le threſor financier
Duquel tu iouyras tant que peux eſperer:
Limite donc le temps duquel dois triompher,
Faiſant à ton plaiſir pour ton cœur contenter,
Bornant le bref eſpoir du ſouhait de ta vie
Au bout du temps prefix l’ame ſera perie.

Fanfreluche.

L’eſpace de vingt ans donne mõy le pouuoir
De faire à mon plaiſir & me faire valloir,
Que me voye eſleué en ſupreſme lieſſe,
Que i’aye mon plaiſir,le temps de ma ieuneſſe:
La vieilleſſe n’eſt rien,toſt ou tard faut mourir,
Apres qu’on a veſcu à ſon ioyeux deſir:
Et que peut eſperer vn vieillard vacillant
Qui n’a nul mouuement ayant paſſé ceſans,
Eſtant tout eſploré d’vne larme eſcumeuſe

Qui luy couure les yeux de vapeur bruyneuse.
Acheue ton desir, mets fin à ma demande,
Monstre que hardiment tu me donne puissance
Ainsi qu'ay requeru à tout honneur puissant,
De tout empieter ne vas contredisant,
Puisque tout arresté la requeste accomplie,
Il nous faut separer iusqu'au bout de la vie.

Le Diable.

Va faire à ton plaisir.

Fanfreluche.

Quel destin fortuné à saisi mon honneur
Qui me rend maintenant le supresme vainqueur?
Où es-tu Gaudichon, est-tu jà endormie
Au lieu de deuancer mon ire & ma furie.
Que n'as-tu espanché le million de larmes
Lors que tu entendois ces tenebreux gens-d'armes,
En ce temps dormois-tu du sommeil deuorant
Ayant le chef courbé sur le lict languissant.

Gaudichon.

Dieu vous gard mon amy, bon iour vous soit donné
Nuict & iour ie pensois que fussiez en allé,
Et que m'eussiez laissée ainsi qu'vne estrangere,
Voguant dessus la mer de tristesse & misere.

Fanfreluche.

Qne me demandes-tu ne parle point à moy,
Vois-tu point qu'ay changé d'amour & d'autre Roy
Ie ne te cognois point, va chercher Franfreluche
Au lieu ou tu voudras, de peur qu'il ne se muche.

Gaudichon.

Comment, & qu'estes vous qui faictes l'asseuré,
Ne cognoissez-vous point vostre cœur bien aymé.

Fanfreluthe.

Ie pense que tu sois folle.

Gaudichon.

Helas! quels amoureux de premiere nuictée?

Fanfreluche.

Ha! pauure Gaudichon, est-ce toy que i'entends?
Ne te collere point, mais reprens ton bon sens,
Depuis que suis party i'ay du bien acqueru
Pour nous tenir heureux puis que Dieu la voulu

Gaudichon.

Viuons auec l'honneur, c'est vne alme richesse
De viure selon Dieu, & croire sa promesse:
Puis qu'à tous il promet vn plaisir à iamais
Au sortir de ce lieu, où diuin il nous paix.
Ce n'est l'eternité que ce bas territoire,
Ce n'est qu'vn abregé d'vne fresle memoire:
Nul ne peut s'asseurer viure eternellemens
Si ce n'est le vouloir du grand Dieu excellent
Pour móstrer que l'amour de laquelle il nous ayme,
Iamais ne perira ne se moustrera vaine.

Fanfreluche.

Las quel esmouuement à saisi tout mon corps,
Tout malade ie suis, ie sens briser mes os,
Et mon sang boüillonner au milieu de mes vaines,
Ha! ie suis tout rompu, Dieu que ie sens de peines.

Gaudichon.

Sur vous ne paroist rien.

Fanfreluche.

Pourtant ie n'en puis plus.

Gaudichon.

Ie m'en vais querir le Docteur.

Fanfreluche.

Helas il n'est plus temps.

Le Docteur.

Vndè hoc Fanfreluchè.

Fanfreluche.

Helas! monfieur, ie fuis mort.
Le Docteur.
Qui caufat hanc egittudinem?
Fanfreluche.
Trop boire, & trop manger.
Le Docteur.
Couchez-le chaudement dedans vne litiere,
Et le faictes vomir par deuant & derriere:
Luy faifant fauourer deux dragmes de pilleures,
Vne botte de foin, & dix liures de beurre
Pour frotter ces coftez, auec vn coteret,
Et vn baril de bray pour oindre fon coret,
Gaudichon.
Cela luy eft-il bon.
Le Docteur.
Ie ne le vous dirois, car i'expofe ma vie,
A uãt qu'il foit deux iours il faut qu'il creue ou chie.
Gaudichon.
Ie m'en vois y foigner afin de le guerir.
Le Docteur.
Vous férez voftre honneur le gardant de mourir.
Gaudichon.
Nous ferons bien tenus à vous remercier
Si cela le guerift de luy ay bon meftier.
Helas! ô grand Seigneur, me voudrois-tu punir
De feule me laiffer en le faifant mourir?
Appaife ton courroux, & luy donne la vie:
Car s'il meurt de ce mal de viure n'ay enuie.
Le Docteur.
Ne vous debattez point il eft encor viuant,
Dieu le vueille garder car il eft tout puiffant,
Et garde de mourir du celefte heritage
Cil qui luy va portant reuerence & hommage.

ACTE V.

Le Vieillard, la Vieille, Gaudichon, le Docteur
Fanfreluche, & le Diable.

Le Vieillard.

POurquoy à l'on tenté le plaisir delecta-
ble
Qui nous vient assieger d'vne mort es-
froyable.
Contemplez nostre cœur plein de douleur amere,
Pour voir pleurer icy ma femme & moitié chere,
Et voir blesmir le feu qui souloit m'esclairer,
Le voyant tout à coup au dangereux rocher.
Helas! quelle pitié, quel murmurant orage,
D'admirer, separer vn si beau mariage
Las! il grince les dents, & contrefaict la mine,
Augure predisant sa prochaine ruyne.
Comment mon cher amy qui vous cause ce mal?
Quel est le meurtrier ou le bourreau fatal
Qui vous a abbatu ainsi à l'aduanture!
Ie vous recognoissois de si bonne nature.
Larmoyez donc mes yeux de vos sources humides,
Et ne soyez iamais pour ce malheur arides.
La Vieille.
Bon Dieu que gaignez vous ainsi de l'armoyer

Vous augmentez son mal ainsi de vous fascher.
Si son temps est venu il ne faut plus le pleindre,
Car on ne puit l'arrest de la mort fiere enfraindre,
Puisque c'est le plaisir de la diuinité
Il sera plus heureux qu'en ce monde habité,
Il nous faut tous passer par ce mesme passage,
N'estant icy venus que pour faire vn voyage,
Non point pour sejourner n'y faire le demeure,
Mais pour passer soudain plus promptemét qu'vne
le Docteur.
(heure.
Il semble à vous voir tous qu'il soit ja au trespas.
Fanfreluche.
Valle doctoribus, & omnes amici.
le Docteur.
Tenez, il parle encore.

Gaudichon.
O propos excellens vous me faictes mourir.
le Docteur.
Laissez-le reposer, il pourra reuenir.
le Vieillard.
Helas! c'est faict de luy, pensés-vous qu'il releue,
le Docteur.
Peut-estre que ce n'est qu'vne petite fieure.
Bistory vallet.
Helas! mon maistre exquis, ie sçay ce qui te tient,
Faut-il finir tes iours, tu me monstrois si bien.
le Docteur.
Prie Dieu pour luy.
Bistory.
He! que diray-je, la passion.

le Docteur.
Dis ta game.

La Vieille.

Ne faiſons autre obiect que prier Dieu pour luy,
Ie croy que puis deux iours nullement n'a dormy.

Gaudichon.

Huict iours ſont ja paſſez que l'entends rauaſſer,
Son eſprit eſt troublé & ne puit repoſer:
Ie voy ſon pauure ſang s'eſpancher à toute heure,
Et ſes veines ſeicher, parquoy ſon cœur demeure.

Le Vieillard.

Allons ie vous ſupplie.

Le Diable.

Ton temps eſt ja paſſé, ta mort eſt aſſeurée
Puiſque tu as iouy de la ioye paſsée,
Toy ſeul as pourchaſsé ta delectation,
Et par ainſi ton mal & ſa perdition:
Penſois-tu viure heureux durant l'eternité,
Eſtois-tu ennuyé de viure en ſeureté
De ton Seigneur viuant qui t'auoit par ſa grace
Formé au moulle ſainct de ſa diuine face?

Fanfreluche.

I'eſtois yure meſchant, alors que te promis
Par tes blandicemens de mes cheueux exquis.

Le Diable.

C'eſt toy qui t'a ſeduit pourchaſſant l'auarice,
T'eſtant donné à moy en te faiſant ſeruice.

Fanfreluche.

Ha! tu m'as abuſé.

Le Diable.

Tu voudrois retenir le propos prononcé,
Il eſt vn peu trop tard, tu es trop aduancé:
Au centre de mes rets, car comme vn infidele,
Il te faut endurer vne peine eternelle.

La Mort.
Va au tartare obscur, vil monstre espouuentable
Receuoir les tourmens à iamais perdurables,
Et les feux preparez au milieu de l'enfer
Puisque tu as voulu ton esprit engager.

Fanfreluche.
Helas! c'est faict de moy, si ie n'ay du secours
De toy! ô grand Seigneur, ie vay finir mes iours,
Puisque m'as enuoyé ceste Megere affreuse
Qui m'a donné le coup de sa faux dangereuse:
Ie suis frappé au vif! ô quelle cruauté
De voir ainsi mon corps plein de calamité,
Et languir dans le feu pour la punition
De mon aueuglement & mon ambition.
Failloit-il! ô trompeur, te monstrer deuant moy
Martyrant sous ton ioug, & sous ta fausse loy:
Seigneur enduras-tu ce meschant frequenter
Auec vn innocent qui n'osoit ce venger?
M'estois-je retiré pour fuyr le malheur,
Ce demon enragé estoit tousiours vainqueur:
Reprends ton noir chemin, laisse en repos mon ame
Dans le feu du Seigneur se purgeant par la flame:
Pourquoy me detiens-tu malgré ma volonté,
Disant, que ie me suis mis à ta liberté,
Ce n'est qu'abusement & vne tromperie
Pour me tirer à toy & martyrer ma vie.
O dure cruauté! ô fleau des ennemis,
Faut-il las que ie sois entre tant de perils
Gissant sous le tombeau maudissant ma facture,
Et le iour que fus né sur le sein de Tellure:

le Diable.
Auançons, auançons, allons, il faut partir.

Fanfreluche.

Adieu pauure vieillard, adieu ma Gaudichon
Car vous ne verrez plus iamais Fanfreluchon.

Fin de la presente Histoire.